AF257256

Couvertures supérieure et inférieure
en couleur

ÉLOGE

DE

DUFAURE

BARREAU DE PARIS

ÉLOGE

DE

DUFAURE

DISCOURS

Prononcé à l'ouverture de la Conférence des Avocats
Le lundi 26 Novembre 1883

PAR

RAYMOND POINCARÉ

DOCTEUR EN DROIT
Avocat à la Cour d'Appel

IMPRIMÉ AUX FRAIS DE L'ORDRE

PARIS

ALCAN-LÉVY, IMPRIMEUR DE L'ORDRE DES AVOCATS
61, rue Lafayette, 61
—
1883

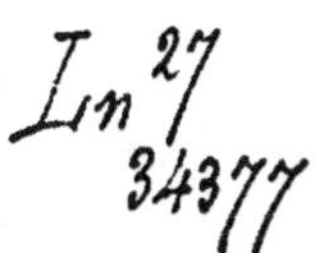

ÉLOGE

DE

DUFAURE

Monsieur le Batonnier,

Messieurs et chers Confrères,

Un critique éminent qui pendant plus de vingt années tint la jeunesse française sous le charme de son éloquence et dont M. Dufaure fut jadis l'auditeur assidu, M. Villemain, a laissé quelque part échapper cette phrase singulière, que « si l'éloge des hommes illustres a pour objet d'exciter l'émulation en honorant la vertu, il ne faut pas craindre de faire briller le modèle, afin d'imposer plus de devoirs aux imitateurs. »

Pour moi, Messieurs, j'avoue que je croirais offenser la mémoire de ce grand honnête homme, M. Dufaure, en suivant ici le conseil paradoxal de son professeur de littérature. Ce serait un contre-sens, et presque un blasphème, que de farder la vérité pour louer un caractère dont la marque fut précisément l'amour de la vérité. Dufaure est, d'ailleurs, un de ces morts dont le souvenir peut se dresser tout entier devant la postérité. Un homme de sa taille n'a pas besoin qu'on le hausse. Il a eu assez de vertus pour qu'on ne lui prête pas des qualités d'apparat, assez de talent pour qu'on n'ait point à lui faire l'aumône d'une flatterie, assez de gloire réelle et méritée pour qu'il soit inconvenant, autant qu'inutile, de lui jeter sur sa tombe une renommée d'emprunt.

Je vous le montrerai, Messieurs, tel qu'il fut, ou du moins tel que je l'ai compris. Soit que je le considère dans sa jeunesse, au barreau de Bordeaux, ou que je le suive dans les chambres sous la monarchie et après la révolution de février; soit que je le retrouve parmi nous et à notre tête, ou que, de nouveau quittant la Barre pour la Tribune, il apporte au restaurateur de la patrie, comme vous le disait ici même un de nos maîtres, « son dévouement absolu et la jeune verdeur de ses soixante-douze ans (1) », toujours et partout, dans les quatre phases distinctes de cette belle existence, je vois en Dufaure un esprit aux convictions loyales, un orateur incomparable, un homme de bien, un grand caractère.

Et s'il est à souhaiter, comme le pensait Villemain.

(1) Discours prononcé par M. le bâtonnier Barboux, à la rentrée de la Conférence des avocats, le 5 décembre 1881.

que l'éloge d'un mort illustre éveille chez nous le désir de l'imiter, le simple récit de la vie de Dufaure contiendra, je crois, pour notre génération, mes chers Confrères, un précieux exemple de travail, d'indépendance et de dignité.

Dès l'âge de douze ans, — au mois d'octobre 1810, — Dufaure avait été placé comme interne au collège de Vendôme. Arrivé là du fond de la Saintonge, il se trouva seul au milieu d'inconnus; mais il ne céda pas à la tristesse et résolut de chercher dans l'étude sa meilleure distraction.

A la rude épreuve d'un internat rigoureux ne s'altéra point, chez lui, la délicatesse du cœur ni la piété filiale. Il avait estimé comme il convenait le sacrifice de ses parents. Il savait combien sa mère avait souffert à l'idée de le laisser partir et que son père luimême n'avait pris qu'à grand'peine, et dans l'intérêt de son avenir, la résolution de le conduire à Vendôme. Confinés dans leur campagne de Vizelles, M. et Mᵐᵉ Dufaure, dont les modestes revenus variaient tous les automnes au hasard des vendanges, avaient vendu leur petit immeuble de Saujon, renoncé au coûteux séjour de Bordeaux et en quelque sorte abdiqué la moitié de leur vie au profit de leur enfant.

Ancien aspirant de marine, ancien capitaine des volontaires de la Charente-Inférieure, le père de Jules Dufaure avait été blessé en défendant le drapeau de la Révolution. Dans un temps où la bravoure et le génie se passaient volontiers d'orthographe, il n'avait pas été seulement un officier courageux, mais un savant et un lettré. Toutefois, si jamais il avait nourri pour lui-même quelque secrète ambition, il l'étouffait maintenant et reportait sur son fils ses rêves et ses espérances.

Voilà ce que sentait profondément le collégien de Vendôme, et la reconnaissance qu'il vouait à ses parents vint fortifier les résolutions sérieuses que l'isolement lui avait suggérées.

Souffrez, Messieurs, que j'insiste sur ces débuts. Le Dufaure que plusieurs d'entre vous ont connu apparaît déjà dans cet enfant studieux et méditatif. A quelque endroit du cours de cette vie que s'arrête l'attention, l'on n'y trouve rien qui ne fût dans la source. Cette longue existence s'est déroulée largement, sans détours ni sinuosités, et le caprice des temps n'a pas su la faire dévier.

Ainsi le jeune interne garda vivant au cœur le respect de ce père qu'il ne devait pas revoir avant quatre années. L'absence même échauffa ce sentiment, en fit une sorte de religion, et pendant que Dufaure recevait au collège l'instruction, ce fut en réalité son père qui, malgré la distance, dirigea son éducation. Ils échangeaient par écrit les confidences les plus intimes ; la malle-poste apportait au fils des avis et des encouragements : elle déposait en retour à Vizelle des remerciements et des vœux. Aujourd'hui, Messieurs, que la facilité des voyages abrège les séparations, les lettres aussi ont perdu de leur longueur. Il n'y a plus guère d'enfants qui écrivent à leurs pères sur du papier écolier. Tel était pourtant le format dont se servait Jules Dufaure pour envoyer à Vizelle le journal de ses moindres pensées. Ses efforts renouvelés, ses défaillances passagères, ses triomphes et ses déboires, il raconte tout, et tout avec les plus charmants détails. Que ne vous a-t-il été donné, Messieurs, comme à moi, de feuilleter ces pages que le temps a jaunies ? Vous auriez assisté de près à la formation de ce cœur, à l'éclosion et à l'épanouissement de cette intelligence dans la chaleur des sentiments de famille; vous auriez compris cette influence ininterrompue des conseils du père sur l'esprit de l'enfant et vous auriez admiré comment Jules Dufaure était demeuré, pour ainsi dire, au milieu de cette solitude bruyante du collège, en tête-à-tête avec son père absent.

Il ne se mêlait guère aux jeux de ses camarades. Et M. Dufaure, qui déjà pourtant lui parlait de « nos devoirs envers nos supérieurs et nos semblables, » du « sentier de la vertu » et de « la dette que chaque homme contracte en naissant, » avait beau lui répéter qu'à treize ou quatorze ans il est permis de concilier le jeu de paume avec les racines grecques et le gradus avec la main-chaude, l'enfant répondait qu'à tous les amusements il préférait ses livres : bien persuadé qu'au fond ce goût n'était pas fait pour irriter son père (1). Avant même d'être assez grand pour avoir la volonté du travail, Dufaure en avait eu l'instinct. Un jour, à Vizelle, on l'avait trouvé dans un grenier, déchiffrant des comptes de douane : c'est dans cet alphabet qu'il apprenait à lire. A Vendôme, il fut bientôt hors de pair en sa classe. Mais pendant qu'il remportait les prix d'éloquence et que ses professeurs citaient en exemple ses vers héroïques, dirai-je, Messieurs, qu'il maniait lourdement la poésie légère et désespérait son maître à danser?

Quelques années plus tard, rhétoricien au Lycée Charlemagne, étudiant en droit dans la mansarde de la rue Royale, il est resté le même, aussi ardent à la besogne, aussi dédaigneux de la fatigue. Avec quel enthousiasme il parle de M. Villemain ! Avec quels regrets il le voit s'éloigner de sa chaire de rhétorique, et comme il est heureux, quelques mois après, de le retrouver à la Sorbonne ! C'est qu'en effet Dufaure ne se cantonnait pas dans l'étroite préparation de ses examens de licence ou de doctorat ; sans la négliger, il cherchait, dans le commerce des grands classiques et dans l'étude de la philosophie, des occupations plus élevées. Il tenait, lui aussi, qu'il n'est pas bon de passer trop jeune sous la porte basse d'un métier, et qu' « avant de devenir avocat, soldat ou prêtre, il faut savoir être homme (2). » La plupart de gens sont

(1) Lettre inédite de M. Dufaure à son fils, 8 janvier 1813.
(2) Rousseau : *Emile.*

dominés par leur profession ; il entendait dominer la sienne.

A chaque page des lettres qu'il écrit à son père, reviennent les noms de ses auteurs favoris : Bossuet dont l'éloquence « aux vives et impétueuses saillies » l'étonne et l'éblouit ; Jean-Jacques dont il aime, en ces heures de jeunesse et de fougue, le style fortement trempé, la phrase pleine et sonore et la passion débordante ; Pascal surtout et Montesquieu, Pascal dont l'impitoyable logique et la langue sublime de naturel conviennent le mieux au vrai tempérament de Dufaure, Montesquieu qui lui plaît par l'ironie distinguée, la froideur polie des satires et la finesse des sarcasmes voilés. Puis, comme on l'a spirituellement remarqué (1), il cède à l'attrait des contrastes : il est séduit par le génie harmonieux de Racine et par la grâce de Massillon. Il adore la « manière libre et dérangée » de Mme de Sévigné, et dit qu'une des choses qui lui font le plus souhaiter la vie éternelle, c'est l'espoir de retrouver là-haut l'aimable cousine de Rabutin.

Son père aurait désiré qu'en même temps il s'accoutumât au style des actes de procédure et qu'il fréquentât l'étude d'un avoué. Je ne vous dissimulerai pas qu'il répugnait à cet apprentissage. Chaque fois qu'il en était question dans les lettres de Vizelle, il faisait des réponses évasives et trouvait des défaites.

(1) M. Cherbuliez : *Discours de réception à l'Académie française : Eloge de Dufaure.*

« Tu veux que j'apprenne la flûte, écrivait-il à son père. En aurai-je le loisir si je vais chez un avoué? » Il est vrai que si d'aventure son père lui parlait de ses exercices de musique, il répondait : « Tu veux que j'aille chez un avoué. En aurai-je le loisir, si j'apprends la flûte ? »

En revanche, il s'essayait fréquemment à la plai-doirie, non pas encore devant le tribunal, mais dans une conférence du soir qu'il avait fondée et qu'il appelait la *Véridique*. Dès l'abord, Dufaure y enleva les applaudissements de ses collègues ; un soir, il s'était fait inscrire sur l'une des questions à discuter. Le sort, paraît-il, ne l'avait qu'à demi favorisé : son nom était sorti, mais sa cause était médiocre. Il fait un plaidoyer très court et, à vrai dire, appris par cœur. L'adversaire a l'imprudence de trop compter sur le crédit de son système et laisse échapper quel-ques erreurs. Dufaure saisit au passage, dans l'argu-mentation de son contradicteur, les fautes et les mala-dresses. D'un rapide coup-d'œil, il voit tous les points vulnérables. Il brûle de riposter ; mais il faut impro-viser et la crainte le paralyse. Il hésite, il s'interroge ; la partie serait si belle maintenant, s'il osait !... Il ose, il se lève, il parle. Le son de sa voix le rassure, il se livre tout entier à son sujet ; les raisons arrivent en foule, les mots suivent, attirés par la pensée ; et voilà que pour son coup d'essai, Jules Dufaure a fait un coup de maître.

Qui ne connaîtrait, Messieurs, les traditions de ces

conférences s'imaginerait aisément que l'envie doit y primer le sentiment de la justice. Il n'en est rien. Là déjà, comme dans les grandes élections du Barreau, les suffrages ne vont qu'au mérite, mais ils ne laissent pas que d'y aller sûrement. Je ne sache pas, quant à moi, de public plus impartial qu'une réunion de concurrents, ni de récompense plus enviable que l'approbation d'un auditoire rival. Dufaure trouva dans le succès immédiat la juste consécration de son talent. Et ce n'était pas un petit honneur que d'être le premier de la *Véridique*! Ecoutez ce passage d'une lettre inédite où se manifeste non pas le vain orgueil, mais la mâle fierté du jeune orateur :

. « Je sens bien, dit-il, qu'il me siérait mal, après t'avoir dit que j'avais été nommé premier pour la commission des causes, de te répéter qu'à notre Conférence on parle mieux qu'au Barreau. Cependant je veux éclaircir ma pensée. D'abord, je te proteste qu'il y a la moitié peut-être des avocats qui ne font rien et qui ne savent rien. Je ne parle pas de ceux-là. Quant aux autres, il n'y a pas de doute qu'ayant plus d'instruction que nous, ils doivent raisonner avec beaucoup plus de force. Il n'y a pas de doute qu'ayant plus d'habitude que nous, ils doivent parler avec plus de facilité. Mais ils abusent tant de leur facilité, qu'elle dégénère en bavardage. Ils attachent tant de prix à parler longtemps, qu'ils parlent souvent mal... Tu vois que s'ils ont sur nous de prodigieux avantages, nous en avons quelques petits sur eux (1). »

En même temps qu'au droit et aux belles-lettres, Dufaure s'intéressait assez vivement à la politique. Rien de ce qui agitait alors la jeunesse ne lui demeurait étranger. Ne faisait-il point partie de cette génération, née à peu près en même temps que le siècle, à l'époque où « Napoléon déjà perçait sous Bonaparte, » grandie sous l'Empire aux bruits de nos armes, élevée dans la passion de la gloire et parvenue trop tard à l'âge d'homme pour donner son sang à la France, quand sonna l'heure de nos désastres ? « Quelle jeunesse, disait l'Empereur, quel avenir je laisse après moi ! » Et il ajoutait : « C'est pourtant mon ouvrage (2). » C'était son ouvrage, en effet, mais non pas comme il l'entendait. Après avoir autrefois, derrière les murs des colléges, écouté le retentissement lointain de nos victoires et repu du récit de nos conquêtes leur imagination surexcitée, ces enfants avaient vu s'écrouler tout à coup le rêve et s'éteindre l'apothéose. Il n'était resté que l'invasion, la ruine, le démembrement. Plus brillante avait été la vision, plus sensible fut le réveil. Si l'on n'oublia pas que Bonaparte avait vaincu nos ennemis, ce fut pour mieux savoir qu'à force de triomphes il nous avait vaincus nous-mêmes ; et si l'on se souvint de sa

(1) Lettre inédite de Jules Dufaure à son père, 20 janvier 1819.
(2) *Mémorial de Sainte-Hélène*, I, 197.

grandeur et de sa toute-puissance, ce fut pour mieux connaître le prix de la liberté.

Bien que la Charte eût prétendu « renouer la chaîne des temps », rompue depuis la Révolution, cette métaphore ancien régime n'avait pas, au début, découragé les aspirations libérales de Dufaure. Autour de lui tout le monde avait accueilli le pacte constitutionnel comme un gage de délivrance, et lui-même, à vingt ans, concevait pour le pays, sous la garantie de la royauté renaissante, un avenir de paix et de bonheur (1). Les excès de la Chambre introuvable dissipaient-ils quelques-unes de ses illusions ? Le discours du roi, après les élections de 1818, les lui rendait tout entières. Il avait si bien la foi de la jeunesse que, pour sauvegarder les droits publics et conjurer les entreprises de la Monarchie, il ne désirait, Messieurs, qu'une réforme, et laquelle ? L'augmentation du nombre des représentants. Dans une petite brochure qu'il publiait alors, il soutenait que les assemblées nombreuses ne sont pas seulement les plus fortes contre les violences ou les séductions du pouvoir exécutif, mais qu'elles sont aussi les plus fécondes en hommes de génie. Il paraît que les hommes de génie manquaient à la Chambre — en 1819.

Cependant le moment approchait où Dufaure,

____

(1) V. les lettres citées dans le remarquable ouvrage de M. Georges Picot : *M. Dufaure, sa vie et ses discours.* — Cf. le début du beau discours prononcé par M. Renan, à la réception de M. Cherbuliez.

ayant terminé ses études de doctorat, allait quitter Paris. Il ne se sépara point sans regrets des amis qu'il s'était faits à la Conférence, de Plougoulm, de Vivien, de Chaix d'Est-Ange. Il avait en ce peu d'années conquis sur ses camarades un tel ascendant qu'un jour, à la Faculté, sa parole avait calmé l'effervescence d'une petite révolte d'étudiants. Il est probable que s'il fût resté au Barreau de Paris, il y eût bientôt emporté de haute lutte la place dont il était digne. Mais, outre qu'il lui tardait de se rapprocher de ses parents, il se faisait scrupule de les astreindre plus longtemps à des dépenses excessives. On sent, Messieurs, dans sa correspondance, que c'était là le continuel tourment de son amour filial. Il avait hésité d'abord à prendre le titre de docteur, pour épargner à sa famille de nouveaux sacrifices, et bien des fois, sur le point d'acheter un livre qui le tentait, il s'était reproché tout bas sa prodigalité et avait en soupirant replacé le volume à l'étalage.

Ce fut à Bordeaux qu'il se fit inscrire sur les listes du stage (1). Cette ville, pleine encore du souvenir des Girondins, était justement fière des orateurs qui avaient recueilli leur brillante succession : Ferrère, un homme de rare talent, chez qui, certes, toutes les grandes pensées venaient du cœur; Emerigon, Martignac fils, qu'on a pu, sans trop d'exagération,

---

(1) L'éloge de Dufaure doit être prochainement prononcé à la Conférence des Avocats de Bordeaux, par notre confrère Mᵉ E. Pourcin. Il a été fait, dernièrement, au barreau de Poitiers, par Mᵉ Eugène Audinet.

comparer à Vergniaud (1), — j'entends à l'endroit de l'éloquence; — Laîné, dont Chateaubriand disait qu'au temps de Fabricius, Rome eût été heureuse de le nommer consul; de Saget; Ravez, si admirable de tact, de science juridique et de simplicité lumineuse ; bref, un tel assemblement d'esprits supérieurs que Louis XVIII s'écriait : « Si je n'étais roi de France, je voudrais être avocat à Bordeaux. »

Mais, par une singulière contradiction, les avocats de Bordeaux avaient, pour la plupart, convoité d'être, à leur tour, sinon rois de France, du moins députés, pairs et ministres, et ils y parvenaient si bien, qu'un des Présidents de la Cour d'appel répétait avec un grand sérieux: « Je n'ose plus réprimander MM. les avocats, il me semble toujours voir sur leurs bancs un garde des sceaux (2). »

Ainsi, en 1820, parmi l'élite de ce Barreau, les uns commençaient à se disperser, les autres déjà étaient vieux et fatigués, Ferrère venait de mourir et bien des places se faisaient vacantes, que, par la seule force de son talent et de sa volonté, Dufaure allait rapidement occuper.

Il débuta dans une cause modeste, devant le Conseil de guerre, et ce succès, dont le bruit courut de chambrée en chambrée, lui valut, paraît-il, une telle renommée à la caserne, qu'il reçut le lendemain de sa plaidoirie une députation de trente soldats venue

(1) M. O. Pinard : *Le Barreau.*
(2) Lettre inédite de J. Dufaure à son père, 26 novembre 1822.

pour le féliciter; que, peu de jours après, plusieurs militaires accusés sollicitèrent son concours et que l'un d'eux, dans un élan de reconnaissance, le supplia d'accepter pour honoraires une mèche de cheveux de sa payse.

Le hasard lui fournit bientôt aux assises l'occasion de remplacer un avocat absent. « La nature, dit un de nos anciens Bâtonniers, ne l'avait pas doué de la mélodie de l'organe et des grâces juvéniles qui attirent tout de suite la bienveillance... On l'écouta d'abord avec inquiétude, puis avec un intérêt mêlé d'étonnement; mais bientôt quand la voix assouplie eut pris ses notes pénétrantes, quand le développement de la pensée eut révélé les qualités précoces d'un esprit déjà mûr, il s'empara de son auditoire, qui finit par acclamer le jeune et courageux défenseur (1). »

A cette nouvelle, le père de Dufaure se figura que son fils était désormais classé, dans le Midi, parmi les illustrations du Barreau. « Il fait bien bon, lui écrit le jeune stagiaire, d'être loin du lieu où l'on bâtit des châteaux en Espagne. Assurément, si tu étais à Bordeaux, voyant toute la ville parfaitement paisible malgré mes plaidoiries, n'entendant parler de moi nulle part, tu te serais plus difficilement persuadé qu'une malheureuse cause déjà oubliée allait faire ma gloire. »

Dufaure, qui voyait les choses de près, estimait que

(1) Me Bétolaud, *Notice sur Dufaure* (Annuaire de l'Association des anciens secrétaires de la Conférence, 1882).

son premier pas était encore à faire. Il eut à sur-
monter, en effet, de grandes difficultés. C'était peu
que la Cour, chargée, suivant un usage de l'époque,
de désigner à la fin de l'année les deux jeunes avocats
les plus distingués, eût une première fois refusé d'inscrire sur sa liste un candidat libéral. Un membre du
Parquet alla bientôt, en pleine audience, dans l'exorde
de son réquisitoire, jusqu'à traiter d'étranger Dufaure
qui plaidait contre lui. Dans une verte réplique, l'avocat releva le mot. Mais lorsqu'il apprit, le lendemain,
que le Conseil de son Ordre avait résolu de formuler
une protestation en sa faveur, s'il consentait à porter
une plainte, sa fierté se révolta. « J'ai soutenu mes
droits à l'audience; j'ai fait mon devoir, dit-il. Mes
confrères doivent connaître le leur. » Il n'était pas
homme à demander les secours d'autrui.

Il sut se passer de toute protection. Les dossiers
lui arrivèrent promptement, et bientôt aussi, quoique
un peu plus tard, les honoraires. S'il avait eu quelque
mal d'abord à toucher les trente francs qu'il attendait
pour acheter une montre à sa mère, il eut vite affaire
à des plaideurs plus généreux, et, bien qu'il fût toujours prêt à soutenir une bonne cause pour un client
pauvre, jamais à plaider pour un riche un procès
malhonnête, il s'était à peine écoulé un an depuis son
arrivée, quand il eut la joie de pouvoir librement
garnir les rayons vides de sa bibliothèque et trans-
porter dans un appartement plus vaste le trésor en-
combrant de ses in-folios.

Après une de ses premières plaidoiries devant le tribunal de commerce, les juges lui mandèrent, par l'entremise de son client, qu'ils seraient heureux de l'entendre plus souvent à leur audience. « Ma réponse était toute simple, écrit Dufaure; envoyez-moi des causes. Cependant je me suis bien gardé de la faire (1). » Il eut raison : les causes vinrent d'elles-mêmes. Commerciales, civiles, correctionnelles, elles affluèrent bientôt dans son cabinet. Et ce jeune homme, Messieurs, fut tellement chargé d'affaires, que je retrouve, à cette époque, dans toutes les lettres de son père, ce cri d'une tendresse inquiète : « Prends garde de te fatiguer; ménage ta santé; n'abuse pas de tes forces. »

Le jour où il eut à défendre devant la police correctionnelle deux journaux bien différents d'opinion, mais tous deux adversaires de M. de Perronnet et tous deux poursuivis pour avoir critiqué le ministère, l'*Indicateur* et le *Mémorial*, Dufaure était déjà l'un des premiers, sinon le premier avocat de Bordeaux. Cette affaire retentissante, suivie de l'acquittement des inculpés, ne fit que consacrer la réputation déjà tout établie de l'orateur, mais elle créa celle de l'homme politique. L'émotion contenue de Dufaure avait remué tout l'auditoire, sans distinction de partis; le style mordant et vigoureux dans lequel il avait attaqué l'intolérance du ministre, avait provo-

(1) Lettre inédite de J. Dufaure à son père, 19 mars 1821.

qué l'enthousiasme des libéraux. A dater de cette plaidoirie, il était à la fois désigné comme bâtonnier et comme député. Il fut bâtonnier en 1830, après dix ans de tableau. Et s'il ne devint député qu'en 1834, c'est, Messieurs, qu'après avoir été pendant les journées de Juillet un des magistrats improvisés qui avaient le plus contribué à maintenir l'ordre dans la ville, après y avoir assuré, par une administration prudente et décidée, la victoire du gouvernement nouveau, il n'entendait pas spéculer sur ses services pour quémander auprès des électeurs des récompenses ou des dédommagements. Il déclina, en 1831, les offres du collège de la Réole et ne consentit à poser sa candidature que trois ans plus tard et dans son pays natal.

Une nouvelle vie s'ouvrit devant lui.

Il arrivait à la Chambre à trente-cinq ans, fidèle aux idées de sa jeunesse, résolu à défendre la cause de la liberté, haïssant les émeutes et les coups de force, respectueux des lois et les voulant partout respectées ; du reste, en pleine possession de son talent, n'ayant rien perdu de sa première ardeur, capable de déployer, selon le mot d'Andilly, les maîtresses-voiles de l'éloquence, mais mûri encore par l'expérience des hommes et des choses, assez sûr de lui-même pour ne le point sembler trop, assez fort pour se réserver et convaincu que le génie de l'homme d'État ne brille que d'un éclat éphémère s'il n'est alimenté de longues études et de sérieuses méditations.

Alors, non plus qu'aujourd'hui, ne manquaient au Parlement les grands débats politiques où, dans la mêlée des théories sonores, s'entrechoquent les passions des partis. Il aurait pu, comme tant d'autres, se précipiter à corps perdu au milieu du combat, user rapidement ses forces dans des discussions souvent oiseuses, toujours irritantes. Il sut observer d'abord une prudente neutralité. Il aurait pu suivre l'exemple de ces députés qui, comme des coquettes dans un salon, cherchent à faire dans la vie publique une entrée tapageuse. Il sut se faire apprécier peu à peu, sans bruit ni scandale, et prendre sa place sans effets de théâtre.

Il débuta dans les bureaux et dans les commissions ; il ménagea son crédit et affermit insensiblement son autorité. La première fois qu'il prit la parole, en séance publique, ce fut pour demander, dans la discussion de l'adresse, qu'on ne subordonnât point aux intérêts agricoles les intérêts commerciaux. Il se leva de son siège, et, sans quitter sa place, prononça quelques mots si fermes que personne ne s'avisa de le contredire. On a plaisamment conté, dans une assemblée sérieuse, qu'il avait choisi pour s'essayer à la tribune un sujet bien modeste : « les fruits pendants par racines. » Il n'eût pas cru déroger en traitant cette question : il n'est point de petits objets pour un grand esprit. Mais je dois à la vérité de dire qu'à propos des fruits pendants par racines, il s'agissait, en réalité, de l'interprétation des lois par le pouvoir législatif.

Au surplus, il étudiait tous les projets et comme il ne voulait pas s'aventurer sans une préparation complète, il prétendait qu'il n'était souvent à même de parler que le lendemain des votes. Il se calomniait; et chaque fois qu'il a pris part à un débat législatif, il y a montré une compétence à l'abri de toutes les surprises.

Il restait à la Chambre ce qu'il avait toujours été, au Collége, à la Faculté, au Barreau : un travailleur opiniâtre. Il est étrange, Messieurs, que dans ce mot on puisse voir autre chose qu'un éloge. Je crains cependant qu'on n'interprète défavorablement ma pensée. Le travail passe aujourd'hui pour un témoignage d'infériorité. Bien des gens font profession de ne pas connaître l'effort et tirent vanité de la peine qu'ils prennent d'être paresseux. C'est une mode qui envahit tout et vous aurez pu, comme moi, constater la grande vogue de l'ignorance. Parmi les littérateurs, il sied, m'assure-t-on, de n'avoir pas d'humanités et la première condition du talent pour un romancier, si j'en crois certaines biographies, c'est d'avoir échoué au baccalauréat. Quant aux hommes politiques, on prétend qu'ils aiment à se payer de mots et on les accuse de penser que les propositions et les rapports conduisent moins vite à la célébrité que les interpellations et les ordres du jour. Tout autre était Dufaure. Ennemi des déclamations creuses, refusant de s'élever

aux doctrines synthétiques avant d'avoir procédé
d'abord à une scrupuleuse analyse des questions, trop
éclairé toutefois pour se perdre dans cette recherche,
trop robuste pour s'y attarder, sachant, après avoir
recueilli tous les éléments d'un problème, les coor-
donner, les grouper et les porter enfin jusqu'à l'idée
générale, il fit preuve d'une si indomptable faculté
de travail, que dans une Chambre laborieuse il fut,
peut-on dire, l'unique rédacteur des principales lois
et concentra dans ses seules mains la plus difficile
besogne de cette période si féconde.

S'il n'intervient qu'incidemment dans les discussions des lois sur les capitaines aux longs cours, sur
la faillite, sur les caisses d'épargne, il s'impose bientôt
assez à l'attention de ses collègues pour que M. Thiers
le choisisse, en 1836, comme conseiller d'État; il
prend une part active aux débats que soulève le projet de M. Guizot sur la liberté d'enseignement et, dès
1837, il est toujours sur la brèche, toujours debout,
sans répit ni trève.

Que le maréchal Soult propose d'entourer Paris
d'une ligne de remparts, Dufaure, avant de se former
une opinion et de l'exprimer à la tribune, consultera
les officiers, les savants, tous ceux qui ont fait sur
l'art de la fortification des études spéciales. Et s'il
vient soutenir que l'enceinte continue n'est point
utile à la défense, que les forts détachés sont nécessaires et suffisants, ce ne sera pas là chez lui parti

pris, idée préconçue, ce sera un système, discutable peut-être, mais appuyé sur des calculs, des faits, des documents (1).

Que MM. Saint-Marc Girardin et d'Haussonville réclament des réformes dans le recrutement des fonctionnaires, Dufaure évitera soigneusement tous les lieux communs et toutes les banalités sur les avantages et les inconvénients de l'administration. Il cherchera posément le moyen d'écarter des fonctions publiques la foule incapable des protégés et de réserver les emplois à l'aptitude et au mérite. Et s'il croit que le concours est la meilleure garantie contre les intrigues et les passe-droit, ce sera encore là, Messieurs, une conviction si solide, si profonde et si raisonnée, qu'il la gardera jusque dans sa vieillesse et qu'elle lui dictera ses derniers actes (2).

Q'après une prise d'armes d'Abd-el-Kader le gouvernement demande une ouverture de crédits extraordinaires, ou qu'il s'agisse de creuser de plus grands bassins dans les ports du Havre et de Marseille, d'armer de nouveaux navires, d'augmenter notre puissance maritime, Dufaure mettra ces occasions à profit pour examiner l'état de nos possessions africaines depuis la prise d'Alger, pour approfondir les questions coloniales, pour étudier notre marine marchande et militaire. Et s'il déclare que les adversaires de l'Algérie

(1) *Moniteur universel*, 1841, p. 227.
(2) *Moniteur universel*, 1845, p. 195, 270, 443.

sont des pessimistes ou des opposants mal inten-
tionnés, que la conquête doit être poursuivie, que les
désordres survenus ne sont point sans remède et que
la richesse du pays envahi n'est pas un mirage; s'il
proclame que le développement de notre commerce
exige en France des ports plus profonds et plus nom-
breux, au lointain des débouchés, et sur les mers une
orce toujours prête à protéger nos comptoirs, ce ne
sera pas, Messieurs, de sa part, un choix fait à la
légère entre la politique d'extension coloniale et
l'autre, qu'on appelle maintenant, je crois, la politique des mains nettes, ce sera comme tout à l'heure,
ce sera comme toujours, une opinion librement
cherchée, trouvée dans le travail, pesée avec conscience et refondue au creuset du temps (1).

Je n'en finirais pas, Messieurs, si je prétendais vous
indiquer toutes les discussions auxquelles fut mêlé
Dufaure; mais je veux au moins vous rappeler avec
quelle sollicitude il s'occupa de nos travaux publics.
Vous savez qu'il fut ministre de ce département
dans le cabinet du 12 mai. Je ne me laisse pas égarer par la vanité professionnelle au point de dire que
notre corporation a fourni de tout temps les meilleurs
généraux et les plus remarquables ingénieurs. Mais
il faut reconnaître qu'elle en a parfois produit d'excel-
lents et qu'en particulier Dufaure a signalé son pas-

(1) *Moniteur universel*, 1846, p. 1,093, 1,740; et *Moniteur universel*, séances du 7 janvier 1844, 5 avril 1845, 30 janvier 1843.

sage au ministère des travaux publics par les plus heureuses entreprises et par les inaugurations les plus utiles. C'est ainsi qu'il fonda l'hôtel des jeunes aveugles et surveilla l'extension de l'asile des sourds-muets; c'est ainsi qu'il remania toute la loi d'expropriation pour cause d'utilité publique. Mais son œuvre la plus importante, à coup sûr, celle qu'il avait commencée avant la formation du cabinet et qu'il reprit après sa chute, fut la rédaction de la fameuse loi de 1842 et la construction des premiers chemins de fer.

Tout en consacrant aux affaires la meilleure part de son activité, Dufaure ne se tint pas toujours à l'écart des luttes politiques. Il y apporta même une grande ardeur au service d'idées très personnelles. « Je ne connais, disait-il, aucun parti dans cette chambre qui puisse m'imposer son opinion : je dis franchement ce que je crois vrai et national. » Pour qu'un homme ose parler avec cette rude franchise et proclame aussi hardiment son indépendance, sans redouter les rancunes des groupes ni les haines jalouses des coteries, il faut, Messieurs, que son talent et son caractère l'aient élevé bien haut au-dessus des cabales. Il faut qu'il soit bien maître de lui-même, et puissant, et résolu, pour ainsi tenir tête, avec ses seules forces, à tous les syndicats de médiocrités. Dufaure ne détestait rien tant que l'enrôlement des individus dans les groupes, ces sociétés de concessions mutuelles, il craignait qu'on n'y passât le niveau sur les consciences, qu'on n'y égalisât violemment tous les esprits et qu'on n'y fît l'union par l'uniformité. Il pensait, comme le cardinal de Retz, que pour rester toujours de l'avis de son parti, un homme est forcé de changer bien souvent d'opinion. Dès ses vingt ans, il s'était rebellé contre cette servitude des solidarités factices. Je ne sais quelle pétition courait à l'École de droit. « Je la crois sensée, dit-il, mais je ne la signerai pas, parce qu'elle est inspirée par l'esprit de parti. »

Il n'avait pas plus accepté de patronage à la Chambre qu'au Barreau. S'il avait combattu M. Molé, ce n'était point pour prêter les mains aux ambitions, d'ailleurs inconciliables, d'une coalition disparate, c'était parce que, selon lui, les ministres, recrutés surtout parmi les pairs, ne se souciaient pas assez de prendre l'avis de la Chambre basse. Pendant que M. Guizot criait à M. Molé : Qu'avez-vous fait du pouvoir? et que M. Thiers lui demandait : Qu'avez-vous fait de la liberté? Dufaure ne se mettait à la remorque de personne et ne consultait que l'intérêt du pays (1).

Quand par hasard le gouvernement ou la minorité se flattaient de se l'être attaché, ils étaient vite détrompés. On le voyait soutenir, un jour, sur un projet, un cabinet que, la veille, il avait attaqué sur un

(1) Louis Blanc : *Histoire de Dix ans,* V, p. 339.

autre : il ne savait pas, comme la plupart des poli-
ticiens, approuver indistinctement ou blâmer de
dessein délibéré tout ce qui venait du pouvoir. Il était
peu apte à mener ces campagnes où l'on juge les
réformes par les hommes qui les proposent, et non
pas les hommes par leurs actes. Ne relevant ni des
successeurs fidèles de Casimir Périer, ni des amis
d'Odilon Barrot, il gardait les libres allures d'un
corps franc, et s'il est un peu bien léger de prétendre,
comme on l'a fait, qu'il caracolait sur les ailes de
l'opposition dynastique (1), il est vrai du moins qu'il
n'y était pas enrégimenté. L'amitié même n'imposait
pas silence à ses convictions. Il affirma plusieurs fois
son désaccord avec M. Vivien, et bien qu'il éprouvât
une vive sympathie pour MM. de Tocqueville, de
Corcelle et Lanjuinais, il les laissa se rapprocher de
lui, plutôt qu'il ne se rapprocha d'eux, et accepta leur
intimité sans devenir leur partisan. On prit l'habitude
de les désigner ensemble sous le nom de tiers-parti ;
mais il n'aliéna ni son libre arbitre ni son franc parler :
ce fut pour lui une alliance, non pas un enchaînement.

Tel il était vis à vis de ses collègues, tel il se
montrait à l'égard de la Cour. On raconte qu'un
jour le roi, l'ayant invité à un gala, avait eu la po-
litesse de lui envoyer un de ses carrosses pour le
ramener à Eu. A la stupéfaction des laquais, M. Du-

(1) M. de Cormenin : *Livre des Orateurs*, II.

faure avait refusé de monter dans la voiture royale et avait commandé qu'on attelât à ses frais. Il se rendait à l'invitation, mais il refusait le service (1).

Une indépendance aussi farouche le gardait des compromis et des transactions. Mais je ne conteste pas, Messieurs, qu'elle pouvait avoir quelques désavantages. Elle le condamnait fatalement à ne jamais exercer sur ses contemporains une influence prolongée. Elle le mettait dans l'impossibilité de donner aux affaires du pays une direction durable. Tandis que M. Thiers excellait au maniement des hommes et retenait les dévouements après les avoir attirés, Dufaure s'emparait des esprits, enlevait les suffrages, forçait l'admiration ; mais le débat fini, la victoire gagnée, il n'avait point l'art, ni, ce semble, le désir de conserver ses conquêtes. Il avait peur que cette puissance coûtât trop cher à sa dignité. Il aimait mieux y renoncer que de descendre aux négociations de couloirs et aux promesses d'antichambres.

Me demanderez-vous maintenant, Messieurs, quelles étaient ces opinions qu'il protégeait avec cette âpreté contre les empiètements et les dégradations ? Elles peuvent, je crois, se résumer en trois mots : libéralisme, probité, modération.

Libéral, — Dufaure mettait son point d'honneur à

____

(1) Voir sur ce trait du caractère de Dufaure, l'indépendance, une étude publiée, sur l'ouvrage de M. Picot, par M. Francis Charmes, *Journal des Débats*, 9 et 20 septembre 1883. — Voir aussi, dans le *Temps* du 28 octobre, un article de M. Mézières.

l'être dans tous ses actes et dans tous ses discours. « L'indépendance nationale et la liberté, disait-il, sont deux saintes et grandes choses qui méritent nos respects, que nous ne devons jamais songer à sacrifier et que nos paroles à cette tribune ne doivent jamais profaner (1). » Il avait été profondément attristé de la promulgation de ces lois de septembre qui faussaient l'institution du Jury, dépouillaient les accusés de leurs plus indispensables garanties et méconnaissaient les droits imprescriptibles de l'intelligence humaine. Il avait toujours demandé qu'on donnât à toutes les doctrines, même aux plus extrêmes, la mesure de liberté compatible avec la liberté des autres. Il était l'adversaire juré des lois d'exceptions, l'implacable ennemi des violences, soit qu'elles vinssent du gouvernement, soit qu'elles fussent commises par le peuple.

Honnête, — il le fut, Messieurs, en politique, plus qu'aucun homme de son temps; il le fut, passez-moi le mot, avec une sorte d'entêtement au milieu des petitesses et des cupidités d'autrui. Il pouvait, sans recevoir un démenti, se rendre publiquement cette justice qu'il ne connaissait ni la vengeance ni la convoitise et qu'en défendant les principes, il cherchait à ne pas blesser les hommes.

Quant à la modération, — vous savez comme il s'attachait à ne jamais s'en départir, non pas qu'il

____

(1) Discours du 28 janvier 1841. *Moniteur universel*, p. 227.

s'en fût fait, par intérêt, une règle inflexible de conduite, mais parce qu'elle était vraiment un trait de son caractère, un besoin de sa nature, une nécessité de sa vie.

On peut lui reprocher de l'avoir parfois exagérée. Vous n'attendez de moi, Messieurs, ni l'éloge sans réserves de toutes ses opinions, ni la critique, en ce lieu déplacée, de celles qu'on pourrait regarder comme des erreurs ou des timidités. L'épidémie des professions de foi a, jusqu'à ce jour, épargné notre Conférence, et vous n'aurez pas à m'accuser de l'y avoir importée.

Permettez-moi seulement de regretter que les critiques adressées à Dufaure, pendant cette première période de sa vie politique, aient été parfois très injustes; qu'on ait mis en doute, contre toute vérité, même contre toute vraisemblance, son esprit de concorde et de conciliation; qu'on l'ait taxé de faiblesse, qu'on lui ait enfin contesté le goût des progrès sans secousses et des réformes tranquilles. Non, il ne manquait pas d'esprit de conciliation, l'orateur qui, en février 1848, adjurait ses collègues de renoncer aux paroles amères, et refaisant un mot de Duport à la Constituante, les suppliait avec émotion de rendre le député respectable au député (1). Non, il n'était pas entièrement dénué de fermeté, l'homme qui, en 1839, avait accepté un portefeuille dans le nouveau cabinet,

____

(1) Séance du 11 février 1848, *Moniteur universel*, p. 364.

pour faire face à l'émeute, et qui, neuf ans après, au milieu de circonstances plus graves, promettait, dans l'espoir d'éviter une révolution, son concours à M. Molé, un ancien adversaire. Non, il n'avait pas la volonté défaillante, le ministre qui, en 1842, loin de décliner la responsabilité de ses actes, la revendiquait hautement à la tribune, et proclamait que son premier devoir était de la retirer à lui tout entière pour en couvrir l'inviolabilité du roi (1). Non, toutes les réformes ne l'effrayaient pas, celui qui, moins d'une année après sa première élection, plaidait à la Chambre, contre M. Thiers, l'abrogation de l'article 75; celui qui déclarait insuffisant le système électoral de 1831, dénonçait comme iniques les privilèges accordés à la fortune, traitait expressément de mauvaise politique l'immobilité des lois et la peur maladroite des nouveautés nécessaires (2).

Je ne nie point que les événements de Février ne lui aient causé tout d'abord une douloureuse surprise et qu'il n'ait ressenti, dans le secret de son âme, avec l'effroi passager d'un avenir imprévu, le regret de la Monarchie tombée. Toutefois, s'il avait espéré, jusqu'à la dernière heure, que le régime constitutionnel ne cesserait de répondre aux aspirations du pays, s'il avait même condamné très nettement la campagne des banquets, il n'avait pas pensé que nos institutions

(1) 6 janvier 1840, *Moniteur universel*, p. 29.
(2) 1er mars 1843, *Moniteur universel*, p. 346.

dussent être éternellement resserrées dans un cadre immuable. Pourvu que demeurât intact le principe de la souveraineté nationale, il était prêt à défendre le gouvernement qui le ferait respecter. Il secoua vite ses souvenirs et se rallia sans arrière-pensée à la Révolution.

Quand l'Assemblée nomma, le 17 mai, des commissaires chargés d'élaborer un projet de constitution, il fut parmi les premiers élus ; et, encore que sous la République, comme sous la Royauté, il réservât à l'étude des affaires toute sa préférence, il ne déserta pas un instant la lice, et pendant près de quatre années, à travers toutes les péripéties de ce long drame politique, il joua, dans l'Assemblée et au Gouvernement, un des rôles les plus chargés, les plus difficiles et les plus courageux.

Ce fut lui, rapporteur de la commission constitutionnelle, qui obtint, Messieurs, qu'on n'inscrivît pas en tête de la loi des lois la théorie généreuse, mais chimérique, du droit au travail.

« Le sentiment personnel du droit, disait-il, est
« certes un sentiment respectable et sacré, et nous
« vous demanderons plus tard de le garantir. Mais
« pourtant ce sentiment est personnel ; il est un peu
« égoïste, il devient aisément exigeant, il s'emporte
« facilement aux exagérations, il s'enivre facilement
« de lui-même : il sépare les hommes plutôt qu'il ne
« les rapproche ; il n'est pas, dans la société, un

« moyen d'union, il est plutôt une cause d'isolement
« et de division.

« Le devoir, au contraire, le sentiment du devoir
« porte avec lui l'idée d'abnégation personnelle, l'idée
« de sacrifice, l'idée de dévouement. Le sentiment
« du devoir? Il crée toutes les grandes et bonnes
« passions. Le sentiment du devoir? Il rapproche
« les hommes au lieu de les séparer, il unit et for-
« tifie les États au lieu de les diviser et de les dis-
« soudre.

« C'est l'éternel honneur de la religion chrétienne;
« elle a produit dans le monde la plus grande révolu-
« tion sociale qui jamais y ait éclaté. Elle a affranchi
« le sujet de la subordination aveugle et servile
« envers le souverain, elle a relevé la femme de l'hu-
« miliation dans laquelle elle vivait, elle a brisé les
« fers de l'esclave, elle a égalé le pauvre au riche.
« Comment a-t-elle fait cela? Est-ce en parlant au
« sujet, à la femme, à l'esclave, au pauvre de leurs
« droits? Non, c'est en parlant au souverain, au chef
« de famille, au maître, au riche, à tous, de leurs
« devoirs. »

M. Dufaure l'emporta. Mais pour avoir fait rejeter
une solution qu'il jugeait utopique et dangereuse, il
ne se désintéressa point de la grave question sociale
qu'avaient, en cette occurrence, soulevée des hommes
de cœur, témoins compatissants des misères du
peuple et serviteurs dévoués de la démocratie.

Sans perdre le temps en déclamations et en fas-
tueuses promesses, simplement, mais fermement,
comme il savait tout faire, il consacra ses matinées
laborieuses à la préparation d'un projet qui ouvrait
des crèches aux enfants abandonnés, créait des salles
d'asile, des écoles professionnelles, des bureaux de
bienfaisance, réglementait le traitement des malades
à domicile, le service des hôpitaux, et qui eût, on
peut le dire, formé, s'il eût été adopté dans son
ensemble, le Code complet de cette belle et grande
chose, l'Assistance publique.

Quand il déposa ce projet à l'Assemblée, M. Dufaure était ministre de l'Intérieur sous la présidence
du général Cavaignac. Un instant, sa nomination
avait excité quelque défiance, blessé peut-être certaines susceptibilités. On s'était étonné qu'un ancien
ministre de Louis-Philippe fût appelé à un tel poste
sous une République. La franchise de son attitude
dissipa toutes les craintes. Mais s'il parut impossible
de l'accuser de trahison, bientôt, à l'inverse, on lui
reprocha de servir le gouvernement avec un zèle
exagéré. Il n'est pas douteux que, pressentant avec
trop de clairvoyance l'issue des élections présiden-
tielles, il tâcha de lutter contre le courant fatal où nos
libertés allaient sombrer. Dans cet imprudent va-tout
où se jouait le sort de la France, il fut blâmé d'avoir
trop ouvertement affirmé ses sympathies pour un
soldat dont il estimait vivement la droiture. A propos
d'une lettre publiée dans le *National*, on prononça

même les mots de candidature officielle. Ah! si l'on
a dit vrai, ce fut le seul exemple d'une candidature
officielle dont le succès eût été nécessaire au salut du
pays, et ce fut celle qui subit le plus terrible échec.

Mais qu'ai-je besoin, Messieurs, de vous rappeler
des faits trop connus pour qu'il me soit loisible d'y
trouver même un détail nouveau, et, selon moi, trop
tristes pour que je puisse les redire avec assez de
sang-froid? Nul parmi vous n'ignore comment le
général Cavaignac et ses ministres se retirèrent, dès
que la France eut parlé; comment, cinq mois plus
tard, le cabinet du 30 décembre ayant remis sa démission entre les mains de la nouvelle Assemblée, le pouvoir avait failli brusquement incliner à droite dans
une première secousse; comment M. Barrot, rappelé
non sans difficultés, avait mis à son consentement
cette condition formelle, qu'il avait maintenue et
fait triompher, malgré la résistance obstinée du président, — la rentrée de M. Dufaure au ministère de
l'Intérieur; comment, après avoir accepté, pour obéir
jusqu'au bout à son devoir, de devenir, non pas le
collaborateur aveugle d'un homme qu'il redoutait,
mais le gardien vigilant des institutions menacées,
Dufaure s'était jeté dans la lutte avec une belle vail-
lance, en face d'une assemblée houleuse, au milieu
des murmures d'une ville en émeute, et comment
peut-être les ministres allaient rendre une direction
à la majorité désorientée, quand, au lendemain d'une
victoire, ils avaient appris tout à coup, par la nomi-

nation de leurs successeurs, qu'on s'était passé de leur démission.

« L'empire est fait, » s'écria M. Thiers. Il ne se trompait que de peu de mois. Lorsque le jour vint où la prédiction s'accomplit, et que, chassés du Palais-Bourbon, trois cents députés, indignés et résolus, se réunirent à la mairie du X⁰ arrondissement, pour y rédiger un décret de déchéance, ce fut Dufaure qui le premier, d'une main ferme, signa la protestation suprême de la liberté mourante. Le soir il couchait au Mont-Valérien.

Jadis, Messieurs, à l'époque lointaine des guerres religieuses, alors que régnaient en France l'injustice et la force déchaînées, et que l'Etat lui-même chancelait sous les coups répétés des factions ennemies, des hommes s'étaient levés, armés d'une invulnérable énergie, protégés par la pureté de leur âme contre la contagion des mœurs dissolues, forts des habitudes austères d'une profession grave, à la fois éloignés du fanatisme et de l'indifférence par la pratique éclairée des vertus chrétiennes. Ces hommes, ces magistrats, les l'Hospital, les Harlay, les de Thou luttèrent contre la licence et la tyrannie pour l'ordre et pour la loi. Et quand parfois la fortune fit banqueroute à leur héroïsme, quand ils payèrent de la disgrâce et de l'exil leur amour de la justice et leur dévouement à la patrie, ils résignèrent sans forfanterie les hautes fonctions qu'ils avaient occupées et cherchèrent dans la retraite un repos et une consolation. Dufaure avait, de ces grands personnages, le désintéressement et la sagesse antiques ; il quitta, comme eux, avec une dignité sereine, le champ de bataille qu'il avait illustré. Mais il ne croyait pas, avec le vieux chancelier, que, si le pays, lassé d'un de ses serviteurs, appelle d'autres favoris, le meilleur parti à prendre est d'aller dans la solitude, avec une réputation inviolable et une conscience tranquille, demander aux travaux champêtres l'oubli des intérêts publics (1). Vaincu dans la défense du droit, il ne se tint point quitte envers ses compatriotes et, puisque dorénavant l'accès de la tribune lui était fermé, il résolut, dans la mesure des moyens que lui laissait la défaite, de plaider ailleurs contre la force la cause tant de fois perdue de la faiblesse et de l'équité. Il ne cherchait pas un refuge pour y trouver le détachement des grandes affaires : il lui fallait une autre arène, un nouveau travail, une nouvelle liberté. Le Barreau de Paris fut fier de recueillir un tel naufragé de la politique ; et cette indépendance, cette probité, cette modération que pendant dix-huit années il avait mise dans les Chambres au service des intérêts de l'Etat, il sut, pendant dix-huit autres, les employer parmi nous au secours des opprimés.

A vous, comme à moi, mes jeunes Confrères, il nous est malaisé peut-être de nous représenter main-

(1) *Mich. Hospitalii* epist. lib. VII.,

tenant l'effet immense que produisait alors sur la France silencieuse l'écho, même assourdi, des grandes voix qui s'élevaient des salles du Palais. Une phrase, un mot de Jules Favre ou de Berryer, une intonation, une réticence dans un plaidoyer de Dufaure prenaient en l'esprit des auditeurs une signification brûlante que nous avons peine à ranimer aujourd'hui dans la froideur de l'imprimé. Les moindres allusions avaient une portée étrange au milieu de ce calme forcé. Et le lendemain des débats, dans toute la ville, dans tout le pays, en dépit du mutisme de la presse et des rigueurs de l'autorité, les éclats de cette éloquence vengeresse allaient faire vibrer partout des cœurs montés à l'unisson.

Lorsque Dufaure défendait devant la 6e Chambre, à côté de Berryer, M. de Montalembert, inculpé d'avoir médit du gouvernement, et qu'il peignait en couleurs discrètes les souffrances cachées d'un homme sincèrement dévoué aux institutions parlementaires; — lorsqu'en plaidant pour le marquis de Flers, prévenu d'intelligences avec l'étranger, il flétrissait la loi de sûreté générale, ou qu'à propos de cette brochure incriminée : *la Lettre sur l'histoire de France,* il rappelait, au passage, en termes non équivoques, la conduite de certains prétendants; — lorsque, s'adressant aux stagiaires, il leur parlait, d'un ton calme, en maîtrisant son émotion, de « cette idole tour à tour hypocrite ou sanguinaire que l'on appelle raison d'État ou salut public ; » — parmi la jeunesse du barreau qui l'écoutait

attentive, ou dans la foule sympathique des assis-
tants, il passait je ne sais quel frisson, il courait comme
un frémissement qui, de proche en proche, gagnait le
dehors du prétoire et persistait bien au-delà des derniers sons de la plaidoirie.

Aussi les plus grands succès de Dufaure au Palais
ont-ils été des affaires politiques (1). Outre celles que
je viens de rappeler, il en plaida, Messieurs, un grand
nombre, dont le retentissement fut considérable. Ce
fut lui qui défendit Prévost-Paradol, lors de la publi-
cation de ce pamphlet si vif et si mordant, *les Anciens
partis*, et, en vérité, il y avait quelque chose d'émouvant à voir ces deux hommes s'élever ensemble contre
le despotisme, l'un, l'avocat honnête, l'ancien grand
ministre, l'ancien homme d'État, et l'autre, l'écrivain
que vous savez, l'héritier de Champfort et de Courier,
l'artiste pour qui la vie semblait si légère à porter et
qui se sentit, un jour, défaillir sous le fardeau. Ce fut
Dufaure aussi qui, devant la Cour, combattit pied à
pied dans l'affaire des Treize l'argumentation du Pro-
cureur général, et cette fois encore c'était un grand
sujet d'admiration que cette harmonie de la défense
dans une cause où se trouvaient à la barre des orateurs de tempéraments si divers, d'opinions si op-
posées, Jules Favre, Berryer, Marie, Dufaure, et
combien d'autres ? tous unis dans cette même idée,

____

(1) M. G. Picot a consacré, dans son livre sur Dufaure, plusieurs
pages très intéressantes à l'étude de ces différentes affaires. —
Voir aussi *M. Dufaure*, par M. Dubédat, conseiller à la Cour
d'appel de Toulouse; Toulouse, 1875.

l'injustice de la prévention, dans ce même sentiment, la haine de l'arbitraire.

Mais, j'ai hâte de le dire, bien que Dufaure fût un maître dans les procès politiques, il ne s'en était pas fait, comme quelques uns, une spécialité ; et, si je ne redoutais la monotonie et la sécheresse d'une telle nomenclature, je n'aurais pas grand peine à vous énumérer une multitude d'affaires qui furent plaidées par lui : recherches de filiations, nullités de mariages, séparations de corps, annulations de testaments, et surtout ces grands procès où, défenseur soit de l'évêque d'Orléans, soit des héritiers du prince Eugène, il exposait avec tant d'ampleur les droits et les devoirs de l'historien.

Et quand, après dix ans d'inscription, comme autrefois à Bordeaux, il fut en même temps appelé au Conseil et choisi par ses Confrères comme Bâtonnier, cette double élection, fait unique dans les annales de notre Ordre, fut peut-être un hommage rendu à sa foi politique, mais elle fut certainement, et avant tout, la récompense méritée de son talent d'orateur et de son caractère d'avocat.

Le talent de Dufaure ! C'était, Messieurs, l'homme même, la netteté, la logique, la gravité. Quelles que soient les différences qui séparent l'éloquence de la Tribune de celle du Barreau, — et lui-même les a résumées quelque part en un très fin parallèle (1),

____

(1) Discours de réception à l'Académie.

il n'eut point au Palais d'autre méthode que dans les Chambres, et sans jamais forcer sa nature, resta partout un grand orateur, parce qu'il fut partout l'orateur que rêvait Fénelon, celui « qui ne se sert de la parole que pour la pensée et de la pensée que pour la vérité et la vertu. »

Vous le montrer à l'audience, c'est donc sous les mêmes traits vous le faire voir dans les assemblées. J'aurais été mal venu à dédoubler ce génie si remarquablement simple et à briser cette parfaite unité. N'est-ce pas M. Thiers qui disait que Dufaure, à la Tribune, paraissait toujours avoir un dossier sous la main ?

Ses plaidoiries, aussi bien que ses discours, sont des modèles de régularité, de force et de précision. Il semblerait que, pour lui, l'ordre n'eût pas été, comme pour tous, « la plus difficile des opérations de l'esprit ». L'exorde était si naturel, l'enchaînement des idées trahissait si peu l'effort, que parfois cette apparente facilité trompait les auditeurs et causait chez les médiocres comme un étonnement et une désillusion. Ceux-là, Messieurs, n'avaient pas compris la profondeur de cette pensée de Pascal: «La dernière chose qu'on trouve en faisant un ouvrage, est de savoir celle qu'il faut mettre la première. » Pas plus que personne, Dufaure ne pouvait embrasser d'un premier coup d'œil l'ensemble de son sujet ; pas plus que personne, il n'en pouvait tracer d'un seul trait tous les linéaments. Il fallait qu'au milieu des difficultés et des détails il remontât, comme tout le monde, jusqu'au principe de la matière, qu'il distinguât le nécessaire du superflu, et qu'il assurât sa marche en allégeant son discours. Mais, tandis que dans ce classement la plupart des esprits se trouvent embarrassés, et n'osent pas renoncer à certaines parties dans l'intérêt du tout, lui, Dufaure, après avoir passé, je le répète, par ces perplexités, avait l'art d'y échapper, de dégager l'essentiel de l'accessoire, de nuancer les idées et de subordonner les uns aux autres les arguments et les faits.

Ses plaidoyers sont construits avec une symétrie, une grandeur, une noblesse, qui fait songer à ces monuments de l'architecture dorique, si imposants et si grandioses dans leur magnifique nudité. Il ne s'égare pas au milieu des divisions; il n'est pas l'orateur des infiniment petits, et il ne se perd pas davantage dans les amplifications inutiles. Il va droit devant lui, sans s'arrêter ni se détourner, d'un pas uniforme et soutenu, écrasant les objections et renversant les obstacles. Oui, Messieurs, c'était un athlète, et longtemps nous aurons à regretter cette dialectique savante, et ces raisonnements rapides, et l'éclatante lumière de ces conclusions. Berryer le comparait à une citadelle qui marche, et Jules Favre à un flambeau. Mais quelles métaphores nous donneront l'idée de son irrésistible logique et de son imperturbable lucidité?

« Lorsqu'il demandait la parole à la fin d'une

« séance, a dit M. de Cormenin, c'est que la discus-
« sion s'égarait et qu'il était temps de conclure. Il la
« ramenait dans ses voies, il traçait autour de ses dé-
« bords les circonvallations puissantes de son raison-
« nement. Il dévidait, il enroulait ses preuves, comme
« une ménagère fait tourner son fuseau sous ses
« doigts agiles ; ainsi il poussait ses fils dans toutes
« les directions ; il les rassemblait, il les entrecroisait,
« et il en composait une maille si souple, si serrée et
« si forte que son adversaire, enveloppé, était bientôt
« obligé de mettre un genou en terre devant toute
« l'Assemblée et de s'avouer vaincu. » Nous pou-
vons enregistrer, Messieurs, au grand honneur de
Dufaure, ce témoignage d'un homme dont je n'ai pas,
Dieu merci, à juger les variations politiques, mais
dont je puis bien dire qu'il ne fut indulgent pour personne, ni surtout pour les avocats.

Quand l'orateur met ainsi chaque chose en sa place,
selon le vieux précepte latin, comme des toiles en
leur jour, les mots dont il se sert ne viennent pas
jeter une ombre sur sa pensée. Quand il sait décou-
vrir la dominante de son sujet, le style prend de lui-
même le ton voulu. La langue de Dufaure dédaigne
les broderies et les fleurs. Loin de lui les petites
phrases maniérées qui s'en vont pimpantes et joli-
ment troussées, les déguisements, les afféteries, les
gentillesses du style. De même que ses idées sont
nettes et précises, sa parole est ferme et véhémente ;

elle a moins de grâce que de nerf, moins de brillant que de solidité.

C'est un lieu commun de dire : il appartient aux avocats de bien parler, mais non pas d'avoir ce tour de métier, cette habileté, cette perfection de forme des littérateurs. Berryer, devenu l'un des quarante, ne déclarait-il pas spirituellement qu'il ne savait ni lire ni écrire ? Il faut pourtant, Messieurs, rabattre un peu de cette opinion courante. Les avocats valent mieux encore que leur réputation, et c'est se moquer d'eux à trop bon marché que de colporter à travers les anas quelques phrases inélégantes ou incorrectes échappées peut-être à leur improvisation. Si l'on appelle styliste le ciseleur de mots, le chercheur de figures colorées et d'expressions pittoresques, M. Dufaure n'avait rien du styliste. Il avait mieux que cela : il avait l'éloquence, cette éloquence « simple, sobre, austère, pressée d'agir, » que décrivait M. Patin, en 1864, en le recevant au nom de l'Académie.

Vous rappelez-vous, Messieurs, ce mot de Racine ? Un jour qu'il était à la campagne chez Boileau, Tourreil y vint et les consulta sur un passage de Démosthènes qu'il avait traduit de cinq ou six façons guindées et précieuses : « Ah ! le bourreau, dit Racine tout bas à son ami, il fera tant qu'il donnera de l'esprit à Démosthènes. » Et l'abbé d'Olivet, qui raconte l'anecdote, ajoute : « Ce que Racine appelait esprit, c'était précisément l'or du bon sens converti en clinquant. » Eh bien, Messieurs, un romancier de grand talent, —

qui a peut-être eu le tort de vouloir, dans ce même sens, donner de l'esprit à Dufaure, — a du moins exprimé, à l'endroit de Démosthènes, une forte et belle vérité. Jamais, a-t-il dit, l'orateur grec n'est si admirable que quand il se tait pour laisser parler les choses. Tel a toujours été l'art de notre illustre Confrère. Il s'effaçait devant son sujet. Il avait senti, lui aussi, « que les affaires ne sont pas seulement des intérêts à débattre; mais des droits à établir et à défendre (1) », et voilà comment il avait découvert que les affaires étaient grandes et qu'on pouvait les laisser parler.

Ne cherchez pas dans ses plaidoyers cette plaisanterie parfois éblouissante qui jaillit de deux mots heurtés et qui, en éclatant sur certains points du discours, ne réussit trop souvent qu'à obscurcir le reste. Ne lui demandez pas non plus cette raillerie légère, qui se joue gaiement autour d'un fantôme d'idée, s'arrête à tous les incidents, s'amuse à tous les détails et gaspille l'attention quand elle ne fatigue pas la patience. Il ne sait pas aveugler ses adversaires; il ne s'attarde pas à les lutiner. Il les convainc ou les terrasse. Il n'a point de hochets, il n'a que des armes, — une surtout qu'il manie avec une adresse merveilleuse, — une ironie froide et impitoyable, forgée en massue plutôt qu'en pointe, et trempée dans cette secrète

(1) Royer-Collard

amertume qu'un ancien regardait comme inséparable de la puissance oratoire.

Et ce qui ajoutait encore, Messieurs, je ne dis pas à la cruauté, le mot serait inexact, mais à la raideur de ses sarcasmes, c'était l'accent dont il les relevait. Bien loin qu'il eût cette voix musicale des beaux parleurs du Midi, M. Dufaure avait, disons-le sans détour, un organe désagréable à la première impression; organe indéfinissable, bien qu'on ait prétendu le définir, mais prenant, si j'ose ainsi parler, une allure régulière et monotone, — qui ne l'empêchait pas toujours de s'égarer. Pourtant cette voix rétive, il l'avait domptée, disciplinée et l'utilisait en véritable artiste. Après quelques minutes, l'auditeur s'y habituait. Il semblait qu'elle concordât avec le discours; elle trouvait des sonorités métalliques qui accompagnaient le raisonnement, comme le bruit du fer en accompagne le coup. Elle soulignait le trait, elle incrustait la preuve, et savait enfin produire des effets si formidables que les adversaires de Dufaure la redoutaient à l'égal de ses arguments.

Un de ses Confrères, qui venait de plaider contre lui, disait : « J'ai cru que l'obélisque se laissait tomber sur moi. » On a même risqué des comparaisons plus familières; et vraiment ces « molaires d'airain (1) »

(1) Ces mots ont été employés dans un remarquable portrait de Dufaure, dû à la plume de M. Henri Brisson.

faisaient de profondes entailles. Mais si les systèmes ne se relevaient guère de ses meurtrissures, les personnes n'en souffraient pas.

Il y avait tant de franchise et de loyauté dans sa discussion, qu'il était impossible de lui tenir rigueur. On était forcé de convenir qu'en usant de sa force, il n'en mésusait pas, et, tout en se faisant vaincre, on admirait le vainqueur.

Il était de la lignée des grands avocats, de ceux qui ont transmis jusqu'à nous, aux prix de quelles difficultés et de quelles attaques ! le dépôt de nos traditions d'honneur et de sincérité.

« Nos principes, disait-il, deviennent, sans se modi-
« fier, de plus en plus étrangers aux idées qui règnent
« autour de nous ; il faut nous en entretenir souvent
« pour mieux résister aux courants d'opinion qui leur
« sont contraires. » Et lui-même, Messieurs, parlant à ses stagiaires de nos devoirs professionnels, leur demandait, dans le langage le plus élevé, s'ils croyaient que la persistance de notre institution fût purement accidentelle et qu'il fallût regarder le Barreau «comme un vieux monument conservé par miracle » et destiné à s'écrouler «au premier souffle d'innovation». Il montrait que « rien n'est arbitraire dans les règles que nous nous imposons », et que si elles sont anciennes, c'est qu'elles sont nécessaires. Il dépeignait l'avocat collaborant à l'œuvre du juge, s'efforçant d'amener les plaideurs à conciliation, faisant dans

son cabinet office de magistrat. Il redisait le désarroi qui avait suivi le décret du 2 septembre 90, la tourbe des hommes d'affaires envahissant le Palais et contraignant les accusés de souscrire à des pactes honteux, le Barreau se reconstituant alors par la force des choses, avec le concours empressé de tous les honnêtes gens, l'ancienne discipline rétablie, l'autonomie reconquise et la grandeur retrouvée (1).

Ces lois de la profession, qu'il recommandait aux jeunes d'observer, il avait toujours été le premier à les respecter. A Bordeaux, il ne s'en était jamais affranchi; à la tribune, il les avait jadis défendues contre d'injustes critiques; en venant se faire inscrire à Paris, il ne crut pas que la renommée dont il y était précédé dût faire plier devant lui les règles communes et il poussa la précaution jusqu'à demander au Barreau de Bordeaux un certificat de stage. « Pourquoi pas aussi de bonnes vie et mœurs ? » lui écrivait Paillet, qui regrettait alors, disait-il, de n'avoir pas vingt-cinq ans et de ne plus pouvoir devenir le disciple de Dufaure (2).

Mais que seraient, Messieurs, toutes ces qualités chez l'avocat, talent, véracité, science et conscience, s'il ne venait s'y joindre notre sentiment de famille à nous, la confraternité ?

Dufaure n'était pas une de ces natures qui se li-

(1) Discours prononcés par M• Dufaure, bâtonnier, à l'ouverture de la Conférence, le 6 décembre 1862 et le 19 décembre 1863.

(2) Lettre inédite de Paillet à Dufaure, 26 mai 1852.

vrent avec un laisser-aller plein de charme et d'ai-
sance. Peut-être même la légende représentera-t-elle
sous des traits un peu rudes cet homme à la tête
carrée, à l'œil voilé, à la lèvre puissante, aux cheveux
négligés. On dira qu'il y avait quelque chose de
rustique dans l'attitude de son corps légèrement in-
fléchi, dans sa démarche hésitante, dans la couleur
chaude de ses mains; quelque chose d'austère dans
sa tenue correcte, éloignée de la recherche et de
l'élégance. Mais on ne prendra pas garde que la plus
vive intelligence illuminait par instants cette figure
si curieusement fouillée. On oubliera que si le regard
s'abritait, d'ordinaire, sous l'ombre de ces sourcils
touffus, la paupière, parfois, se relevait pour laisser
voir un œil profond et limpide, tout pétillant d'une
malicieuse bienveillance (1).

C'était dans sa famille et dans le petit cercle de ses
relations, le cœur le plus affectueux. Il avait épousé,
en 1842, Mlle Jaubert, la fille du célèbre orientaliste.
Dans la compagnie de cette femme supérieure, il avait
trouvé un encouragement et un soutien aux temps les
plus pénibles de sa vie publique. Il aimait la tranquillité du foyer qui lui semblait seule propice au travail
sérieux. Il lui suffisait, pour occuper ses loisirs, de
l'éducation de ses enfants. Le monde qu'il évitait n'é-
tait même pas celui dont se raillait naguère, avec

(1) Comparez les portraits de Dufaure par M. Maurice Joly (*le
Barreau de Paris*) et par « Colombine. »

tant d'atticisme, un des meilleurs amis de Dufaure, comme lui ancien Bâtonnier, comme lui Académicien : « Ce monde où l'on s'amuse qui ressemble de si près au monde où l'on s'ennuie ». La vie qui l'effarouchait n'était même pas « cette vie fausse et banale où rien n'est plus à sa place, ni les devoirs, ni les affaires, ni les plaisirs, où l'on parle follement des choses sérieuses et gravement des choses frivoles (1). » Dufaure avait la peur instinctive, innée, des fêtes les moins extravagantes et des divertissements les moins condamnables. Ce n'est pas lui qu'on soupçonnera d'avoir trouvé dans les salons sa fortune politique.

Un jour des amis l'avaient supplié d'assister, ne fût-ce qu'un instant, à un bal qu'ils offraient à l'occasion, je crois, d'un anniversaire. Il promit d'y venir. On l'attendit longtemps. Vers trois heures il fit son entrée. Il s'était levé une heure plus tôt que d'habitude.

Il suivait le conseil de ce proverbe anglais qu'il aimait à citer : « Tôt levé, tôt couché, cela fait l'homme sain, riche et sage (2). » Et, bien avant l'aube, on l'entendait répéter, dans sa chambre, le discours ou la plaidoirie qu'il devait prononcer l'après-midi.

Voilà pourquoi les distractions mondaines lui pa-

(1) Discours des Prix de vertu, prononcé par Mᵉ Rousse.

(2)   *Early to bed, early to rise*
        Makes man healthy, wealthy and wise.

raissaient fastidieuses et pourquoi il avait gardé du collégien de Vendôme l'horreur « des entrechats ». Mais sa sévérité n'était pas plus de la maussaderie que sa froideur apparente n'était de l'indifférence. Un de nos grands écrivains a remarqué qu'on s'imagine toujours Aristote et Platon avec de longues robes et comme des personnages graves et sérieux. C'étaient, a-t-il dit, d'honnêtes gens qui riaient avec leurs amis. Ceux qui ont fréquenté Dufaure savent qu'il était un joyeux et fin causeur et qu'il ne le cédait à personne en dévouement réel et en vraie sensibilité. « Jamais, atteste un de nos plus éminents Confrères, jamais je n'ai rien entendu de plus émouvant que les effusions de cette parole sévère sur la tombe entr'ouverte d'un ami (1). » Les gens qui aiment l'abandon auraient quelquefois désiré dans son abord un peu plus de familiarité; mais personne ne pouvait se plaindre de sa hauteur ou de son dédain. Dès sa jeunesse, un de ses parents lui faisait le reproche d'être trop réservé. Il ne chercha point à se corriger de ce qu'il tenait pour une vertu. Il n'avait d'un Alceste ni la misanthropie grondeuse, ni

> ...ces mouvements soudains
> De fuir dans un désert l'approche des humains...

Il ne s'irritait pas des travers des autres; il était

(1) Discours prononcé, à l'ouverture de la Conférence des Avocats, par Mᵉ Allou, bâtonnier.

indulgent pour leurs faiblesses ; mais tout en sup-
portant

...les contorsions
De tous ces grands faiseurs de protestations,

il avait soin de ne les pas imiter. Il n'était pas l'ami
du genre humain ; Il graduait ses affections et ne mas-
quait pas ses sentiments. Il faisait peu de promesses
et tenait celles qu'il faisait.

Tel était, Messieurs, l'homme que plusieurs d'entre
vous ont connu. Ne trouvez-vous pas, comme moi,
que cette figure sérieuse, mais attachante, rappelle
par plus d'un trait les solitaires de Port-Royal, et
qu'elle ressort avec un relief bien vigoureux sur
notre époque d'ombres banales et de silhouettes inco-
lores ?

Jamais ce grand caractère n'a subi d'altérations.

Qu'à soixante-douze ans Dufaure entende l'appel
de la Patrie en danger, s'il n'a plus la force de prendre lui-même les armes, on le verra jusqu'aux
avant-postes de Buzenval et de Champigny, porter
à ses deux fils, non certes des encouragements que
leur bravoure rendrait superflus, mais les souhaits
virils de sa vieille affection. On le verra, dans la
ville assiégée, visiter les blessés à l'ambulance du
quartier Saint-Augustin, présider le Conseil supé-
rieur de révision de la garde nationale, entretenir
l'ardeur des habitants et s'efforcer, autant qu'il est
en lui, de faire durer la résistance pour sauver au

moins l'honneur. Puis, dans les derniers jours du siège, il tournera tous ses soins vers les élections prochaines et sentant qu'elles doivent exprimer toute la vitalité de la nation mutilée, il formera un Comité républicain, dressera une liste libérale et tâchera de rallier autour d'un même programme tous les grands citoyens de bonne volonté.

Laissez-le pour la seconde fois dépouiller sa robe d'avocat et rentrer dans la vie publique. Cinq dé-partements l'ont élu. Il lui tarde de remonter à cette tribune, dont il a été si longtemps éloigné, et de prêter son concours au relèvement du pays. Mais ne craignez pas, Messieurs, qu'il vienne à l'Assemblée renier son passé ni qu'on puisse aujourd'hui plus qu'autrefois le trouver en opposition avec lui-même. Sa politique, en 1871, est la même qu'avant le 2 Décembre. Je ne pourrais vous la décrire qu'en vous infligeant des redites, et peut-être, d'ailleurs, n'avons-nous pas, pour juger des faits si récents, la reculée nécessaire.

Il est un hommage pourtant que chacun de nous peut rendre à Dufaure en toute impartialité. Qu'il ait ou non commis des fautes, il a toujours agi par conviction, jamais par calcul ou par intérêt.

En 1871, il avait, avec bon nombre d'esprits modérés, donné sa sincère adhésion au seul gouvernement qui désormais lui parût possible en France. Il n'était pas de ceux qui reprennent leur parole. Il vit avec tristesse les progrès de la lutte engagée par la majorité contre M. Thiers, et quelques différences de tempérament qu'il y eût entre ces deux hommes, rapprochés au moins par leur âge et par leur amour du pays, tous deux alertes comme le premier jour où il s'étaient rencontrés, tous deux jeunes d'esprit et jeunes de cœur, l'un n'abandonna pas l'autre, et Dufaure, ministre de la justice, soutint jusqu'à la dernière heure M. Thiers, chef du pouvoir exécutif, contre l'hostilité croissante des partis coalisés.

Plus tard, il est un des plus ardents à réclamer qu'on transforme enfin le provisoire en définitif et qu'on remplace par un régime durable un état de choses incertain qui laisse la porte ouverte à toutes les ambitions et à tous les essais. La constitution votée, il redevient ministre de la justice et président du Conseil, mais que vous dirai-je, Messieurs, que vous ne sachiez? Un malentendu s'élève entre la Chambre et lui, non pas, à vrai dire, sur la question de la magistrature, mais sur la question des magistrats. Il se retire devant une opposition sourde. Plus près de nous, en 1877, il vote au Sénat contre la dissolution, et le 14 décembre, pour épargner au pays de nouvelles aventures, il accepte une dernière fois un pouvoir gros de périls et de responsabilités.

Rien, durant ces dix années, n'a troublé la constance de son esprit. La vieillesse n'a pas plus atteint donnance de ses facultés. La mort peut venir maintenant. Il l'envisagera sans crainte, il la recevra sans émotion. Il s'y est préparé de longue date et n'a pas attendu les avertissements de la maladie dont il a, depuis quelques mois, ressenti les premières souffrances. Il se plaît à relire les auteurs qui ont charmé sa jeunesse. Il revient à Bossuet et à Pascal, et dans les *Sermons* ou les *Pensées* marque d'un signet les passages qui l'ont le plus vivement frappé. Il veut que bientôt, quand il n'aura plus la force de les lire, ses enfants les retrouvent sans peine pour les lui réciter. Il espère qu'en ces moments mystérieux où la raison survit à la parole, où les sensations, devenues impuissantes à se manifester, demeurent et persistent dans le corps affaibli, il espère que cette lecture viendra nourrir son courage et affermir sa tranquillité. Les amis auxquels il sera donné de l'approcher à son lit de mort ne pourront se défendre d'admirer la sérénité touchante de ses adieux. Il reportera ses dernières pensées vers le Barreau de Paris et priera notre Bâtonnier d'être auprès de nous, Messieurs, l'interprète fidèle de ses sentiments. En un mot, il mourra comme il a vécu, sans jactance, mais sans faiblesse, gardant jusqu'au bout un profond attachement à cette profession d'avocat qui seule, disait-il, lui avait inculqué ses habitudes de travail consciencieux et son amour de la liberté.

Et nous, mes chers Confrères, après avoir recueilli les grands enseignements que nous donne la vie de

Dufaure, écoutons avec respect la mâle leçon de cette mort vertueuse. C'est un rare éloge à faire d'un homme que de pouvoir affirmer que pas un jour, pas un moment, sa conduite ne s'est démentie. Voltaire a dit : « On réussit par le caractère. » Il eût mieux dit peut-être : « On est grand par le caractère. » Je priserais moins ici le talent de l'orateur si je ne le voyais rehaussé par les vertus privées. En Dufaure, rien ne manque ni ne détonne. En Dufaure, toutes les facultés de l'intelligence et du cœur se tiennent dans un si parfait équilibre qu'on n'en pourrait retrancher une seule sans ébranler l'ensemble. Elles s'appellent l'une l'autre, elles se complètent, elles se soutiennent. Passe le tourbillon des choses, la fantasmagorie des pouvoirs : cette puissante nature n'en sera pas effleurée. A quatre-vingts ans, Dufaure a le droit de répéter, comme dans un de ses plaidoyers de jeunesse, que rien n'effraie ni ne séduit l'homme guidé par sa conscience ; et dans l'agonie suprême, il peut murmurer encore la parole du philosophe, qu'il citait à vingt ans : « Il n'est que deux belles choses dans l'univers : le ciel étoilé sur nos têtes et le sentiment du devoir dans nos cœurs. »

MENS AGITAT MOLEM
AL CAN
Imprimeur DU ROY

www.ingramcontent.com/pod-product-compliance
Lightning Source LLC
Chambersburg PA
CBHW061305060726
47596CB00002B/770